JN437138

불온不穩한 교사

불온不穩한 교사

문재식 시집

문학들

시인의 말

산을 깎고 나무 자르는 기계 소리
늘 허전한 나의 어제와 오늘
한 겹씩 포장해도
외로웠다

보고 싶으면
하고 싶으면
벗어 버리고
내 민낯 그대로 가자

논둑길 밭둑길로
뻐꾸기 소리 들으러
나도 한 점이 되던
하얀 눈밭으로

2015년 2월
이것 저것 마음만 먹은 한 해를 보내며

차례

제1부

제2부

제3부

제4부

제1부

3월 2일

달마산 아래
아이들이 모였네

곧 필
생강나무 노란 주둥이같이
조잘거리네

낼 모레가 경칩
벌레랑 개구리들 보러
나가자 해야지

우리는 1학년이 아니고
6학년이라고 싫다 해도
막 나가자고 내가 우겨야지

우리 학교 목련꽃

우리 학교 목련꽃 봉오리는
다 한쪽을 보고 있다

학교 한 바퀴 빙 돌던
1학년들은 그쪽이
선생님 있는 쪽이라 하고

물어보던 선생님은
막 웃는다

산에서

4학년은 담임에게 별 관심 없이
저희들끼리 싸 온 간식을 먹고

먼저 올라온 2학년 몇이
내 옆에 앉아 조잘대더니

– 선생님이 걱정돼
나현이가 뛰어간다
– 왜 다시 내려가아
예나가 묻는다

– 선생님이 걱정된다고오

그때 온산에 진달래 더 만발하고
꽃 속에 선 나현이가 예뻐 죽겠다

서정분교* 동백꽃

떨어진 꽃들은
땅에서 아직 붉은데

치마 입은 꽃 세 송이 또 핀다

집 가까운 설우, 서진, 예나가
동백나무에 올라 논다

* 땅끝 아름다운 학교로 소문난 작은 분교.

산 아래 학교

운동장 가
민들레도
꽃

미끄럼틀의
아이들도
꽃

시작 종소리는
뻐꾸기가 맡아

선생님은
어쩔 수 없이
보고만 있네

비 오잖아

부슬부슬 봄비 속에
1학년 남자 대여섯이 놀고 있다

두 팔 걷어붙이고
운동장 모래밭에 자동차 길을 내고 있다

'비 오잖아!' 내 소리는 들은 척도 않는다
속으로는 담임도 아니면서 그런다고 할 것이다

빗속으로 1학년이 달려간다
담임이 부르는 갑다

아니다
빗방울이 굵어졌다

요구르트 소녀1

점심에 요구르트 나오는 날이면
1학년 예나는 가만히 나한테 온다

벌써 눈치로 아이들은 다 보고 있고

'선생님 요구르트 나 주세요' 하려다
'선생님 요구르트 좋아해요?' 한다

아이들 눈치 보며

내가 '좋아하지' 그러면
살짝 웃으며 자리로 간다

아이들이 웃고 나도 웃고

아, 언제 오나! 저 요구르트 소녀에게
요구르트 줄 기회는 아! 언제 오나

요구르트 소녀2

사과 요구르트가 나왔다
늦게 점심 먹는 나한테 예나가 왔다
사탕을 꺼내 만지작 거린다
요구르트와 바꾸자는 눈치다
1학년은 아무도 없어
눈치 볼 필요도 없고
요구르트 소녀에게
요구르트 줄 기회는 오늘이다

사탕도 요구르트도 한 손에 쥐고
얼른 나간다
야! 오늘 요구르트 소녀에게
요구르트를 주었다

요구르트 소녀3

아주 흔한 요구르트가 나왔다
예나가 살짝 왔다
망설일 필요도 없다

– 요구르트 먹을래?
– 뭐라구요?
얼굴을 들이민다
왼쪽 콧구멍에 코딱지가 달렸다
앞니도 두 개 빠졌다

식탁 밑으로 주니 못 이긴 척 받아간다
아! 뒷모습이 아주 순한 짐승이다

요구르트 소녀4

박 선생과 어제 술 마시며 한 이야기하며
주위를 볼 겨를이 없었는데
예나가 내 옆을 지나간다

인사하러 오는 줄 알고
손만 흔들었는데
식판에 요구르트가 있다

아! 아쉽다

4학년

가만히 보고 있으면
뭣이 그리 궁금한지
연못 속 들락대는
물방개들 같다

학교에 논이 생겼다

학교에 논이
한 스무 평 떠억 생겼다
비 오면 물고를 내고
물 가득 찰 때까지
논둑 왔다 갔다 하자

학교에 논이 생겼다
물 가득 차고
개구리들 오면
바짓가랑이 치켜들고
뛰어들자

손 발 옷 버리고
공부는 언제 하려고 그러는지
누구는 걱정하고
누구는 뛰어들기 망설여도
뛰어든 놈끼리 모내기를 하자

여름이 아무리 더워도
가끔은 논가에 앉아
소금쟁이 물강생이 우렁이
벼포기들이랑 나누는
야단법석도 들어보자

어느새 고추잠자리 많은 날
벼 베고 타작해
겨울 와도 걱정 없게
다람쥐 먹이 모으듯
뒤주에 나락을 담자

비밀

2학년 나현이가
눈이 빨갛기에

눈이 아프구나
왜 그러냐니

말 못할 일이 있어요
하고 간다

내일 수영장에
갈 수 있나

말 못할 일이
무엇일까

궁금했다
하루 종일

스승의 날

스승의 날이라고
나는 오지 마라고
라볶이를 만든다나 어쩐다나

한참 기다려도
감감 무소식이어
식당에 내려가니

라면, 떡, 달걀, 어묵
지글지글 익혀 맛보며
옆에 가도 본체만체

스승의 날 핑계 삼아
너희들은 먹고 놀고
나도 두 시간 놀고 먹고

비 오면

비 온다
외발자전거 내던지고
3학년이 달린다
가지고 가라고
4학년이 소리친다
어느새 복도에서 교실에서
야단법석이다
나만 창가에서
밖을 본다

달마산은 파란색 부채 같지
보리모개 살랑이지
개구리들 와글대지

– 저 봐라 저 봐라 – 하면
아이들은 잠깐 조용히
– 그래서요? – 어쩌라구요?

비 오면
나만 심심하다

걱정은 되지 않는다

토끼가 죽었다고
울고 불고 야단이더니
묻어 주러 나갔다

기다려도 오지 않고
국어시간인데 어찌해야 하나

죽은 토끼 묻는 것이
수업보다 우선인
아! 속없는 것들

어찌될지 나도 모르겠으나
걱정은 되지 않는다

또 비 온다

비 온다
달마산을 훌쩍 넘어
신나게 학교를 적신다

비 오니
복도에서 교실에서
야단법석이다

비 온다
기다리던 비 온다
창가에서 운동장을 봐

플라타너스 잎
꿥질에 끼인 붕어같이 팔딱이고
접시꽃 밭에 청개구리 울잖아

비 오면
창가에서
밖을 봐

보갑이

5학년 공부내용으로
진단평가 하는 날

– 기억이 안 나. 에이 –
보갑이 한숨

수학이 진짜 자신 없다고
보갑이가 나를 본다

어쩌냐 보갑아
수학은 6학년에서
끝나는 것이 아닌데
내가 하지 마라고
할 수 있는 것도 아닌데

내 마음 두 마음

해가 나오지 말았으면

달마산 계곡에
물놀이 갈 때 마음

해가 나왔으면

학교로
내려갈 때 마음

방학

그날이 또 왔다
'학기를 마치며' 이 단원이
제일 싫은 날
무엇을 했는가 되돌아봐도 막연한 날
빨리 보내주라고
무얼 생각하고 있냐고
야단이다

수학 잘 못한다고 찡그리다
미안한 마음으로
보갑이한테 – 이 보팔아 – 하면
나한테 – 이 재팔아 – 하던
보갑이도 웃고 있다

뭐 그렇게 대단한 것이라고
짜증 냈던 내가 우스운
방학하는 날
나도 웃으며

잘 먹고 잘 놀다 와라
보갑아 아니 이 보팔아

거꾸로 오르는

작은 것이 아름답다고 마음먹은
교사모임에 끼여
구례군 토지면 연곡분교에서
북 치고 장구 치고 놀다
늦게 민박집에 누워
계곡 물소리 듣는다

물소리는 꼭 여기를 뜨자며
모여라 모여 다 모여
넓고 큰 곳으로 가자는 소리만 같아
조잘대며 따라가는 아이들 소리만 같아
다시 돌아누워도
모여라 모여 다 모이라는 것만 같아
꼭 그렇게만 들려
이쪽저쪽 뒤척이며

거꾸로 되돌아오는 연어들을 생각한다
거꾸로 돌아오는 아이들을 생각한다

그렇게 되지 않았다

달은 없지만
산길 걷기 좋은 4월 그믐
야영하는 날
아이들 어른들 모두
삽겹살 없이 가난하게 먹고
별 쏟아져 반딧불이 되는
달마산 밤길 걸어 보자는 내 말에 고개를 끄덕이고
미리 가 봐야 되지 않겠냐기에
그렇다고, 벌써 가 봤다 그래도
같이 가 보자는 여선생한테
위험해 안 된다니
안 잡아먹을 테니 걱정마라고 해
별 쬐러 뱀이 나와 있을 수도 있다는 말할 겨를 없이
내 얼굴 빨개져 왁자지껄 한바탕 웃고 좋았는데
야영은 그대로 되지 않고
먹을 것 많이 버려지는 날
학교에서 야영하는 날

고양이가 앵무새를 죽인 사건

때문에 난리다
고양이 편은
새장 안에 있는 새를 어떻게 물어 죽이냐 우기고
앵무새 편은
고양이 콧잔등에 피는 무엇이냐고
발톱에 묻은 새털은 무엇이냐 들이대고
판정해 주겠다는 나한테는
자기들이 해결하겠다고
가만히 있으란다
국어시간 다 가는데 내가 끼어들 틈이 없다

한 시간 만에 판정이 났는지
고양이 편은 화단 옆 빈 곳으로 이삿짐을 옮기고
앵무새 편은 담 밑에 무덤을 파고
나는 대화와 타협으로 국어수업 한 것으로 정리하며
아주 기분이 좋고

앵무새 새 짝을

고양이 편 앵무새 편
어느 편이 구해 줄 것인지가 궁금하다

욕하는 교사

수업 시작해야 하는데
둘이 이야기만 하고 집중하지 않아
기다려도 집중하지 않아

– 조용히 하자 이 궁둥이 큰 놈아
– 아 선생님 붕알이라고
– 니 궁둥이 큰 줄 알아 조용히 해
– 아 선생님 고자라고
– 조용히 하라고 이 좆같은 놈아
– 와 선생이 욕해부러야
– 그래 욕했다 어쩔래 이 싸가지야

우리는 욕을 주고 받았다
누군가 나서
빨리 수업하자고 하면 쓰것는디
덩달아 웃고 잘됐다 싶은 얼굴들이다

물 먹고 오겠다고 교실을 나왔다

곧 다 잊겠지
내일이면
우리 반 우리 반 하겠지

박살撲殺

목을 치고 위에서부터
밑둥까지 쳐내려
짓이겨진 어떤 나무가 보인다

출근길
내란음모 종북세력
박살내자는 현수막이
날마다 눈앞에 어떤 나무를 보이게 해
상사화에 잎처럼 앉는 호랑나비들 보는
아이들 옆에 서 보아도
때려죽이자는 몽둥이들이 괴롭힌다

아! 서로 다른 어떤 나무로 자랄
이 아이들에게 나는
남쪽 끝 이 학교에서 나는 나는……

쏟아지는 가을볕 아래
공 차는 아이들에게 가면

보이지 않으려나?

가 보자

불온不穩한 교사

구름이* 하늘이** 읍으로 가고
수진이 강연이도 집에 가고
조용한 교실에 고민과 불안이 가득하다
식물 한살이 보러 들에 가서
엉뚱하게 꽃뱀을 잡아 키우겠다고 우기기에
금방 죽지는 않을 거란 생각에도 거짓말로
가두어 두면 어차피 죽으니
놓아주라고 몇 번을 말했건만
개구리까지 한 마리 넣어 주고 모두 갔다
나까지 나가면 불안한 개구리 검은 눈망울도 깨질 텐데
가까운 강연이 수진이를 불러 더 설득할까 어쩔까
내 고민과 개구리 불안에 교실이 더 적막寂寞하다
모내기철이면 우리는 학교 가다 오다 꼭 뱀을 죽였지
약한 개구리 먹고 있는 뱀이 그렇게도 얄미웠지
토해 낸 죽은 개구리를 묻어 주기도 했지
오늘 우리 4학년은 뱀이 한 끼 굶게 하지 않으려고
개구리를 직접 넣어 주고 갔다

개구리 검은 눈망울이 깨지고 내 고민은 쌓인다
다음 과학시간 먹이사슬로 연결 지을까
약한 개구리를 위해 강한 뱀을 토막 내 버리자 할까
자연스럽게 먹이사슬로 가지 왜
약자 강자라고 연결 지으려고 그래
아이들이 뭘 알겠어 안 그래? 명령하는 교과서에게
아니지 아니지 다 강자로만 살겠어? 우기며 우기며
퇴근을 한다 당당히 당당히 퇴근을 한다

* 통학차 이름.
** 통학차 이름.

오늘 망설였다

교무실 일과표에 '제주 4·3 계기교육' 이라고
쓰려다 망설였다.
서정분교* 학생들이라면
조금 달라야 하지 않겠냐는 내 말에
'너나 잘 하라' 는 사람이 있으려나? 분필을 놨다.

초등학교에서 '교무부장' 이라는 자리는
승진할 사람이 하는 자리라고 굳어져 있다. 그래서
하라는 일만 하는 교사문화에 푹 젖어
출근하면 제일 먼저 교무실 칠판에 하루 할 일과
관심 가져야 할 일을 쓰는 나는 교무부장이다.

오늘 망설였다.
'서정분교' 학생들과 교사들이라면
제주 4·3도 교육활동에 넣어야 한다고
'4·3 계기교육' 이라고 쓰려다
돌아선 내가 안쓰러웠다.

계기교육 하라는 말도
하지 말라는 말도 없으니
해도 괜찮다는 베짱 두둑한
교무부장이 되자고
망설이지 말자고 혼자만 다짐한 퇴근길

남쪽에서 밀고 올라오는 듯
바람이 봄에 부딪친다.
바람이 꽃잎에 부딪친다.
비처럼 쏟아지는 꽃잎들 울지도 않는다.
누구든 잠들지 못 하겠다.
망설이지 말아야겠다.

* 색다른 학교로 소문난 땅끝 작은 분교.

4·19날

불꽃이었던 것들
꽃불이었던 것들
사그라진다. 이제는 4월에도

올해도 때 되어
초등학교 학생들에게만
조사학습으로 던지고 오는 오후
산에 들에는
여전히 뾰족뾰족 녹혈綠血이 낭자한데
다시 불꽃이고
다시 꽃불이어야 할 세대들은
세상은 변한다고
봄볕 아래 놀자고
세상은 변했다며
돈 벌자고 부자 되자고
씽씽 달린다

불편한 진실

학고 앞 도랑가에 그것들 시체가 있다

개구리, 도롱뇽, 미꾸라지, 뱀, 쥐며느리
잡았으면 보고 빨리 놓아주라 해도
들고 다니며 오지게 재미만 보더니
기어이 일이 나고 말았다

무엇이든 생명은 죽게 하면 안 된다고 나는
지금까지 교실에서만 말하고
알았다더니 나가면
몇 아이는 꼭 일을 저지르고

뭐라 하니 목에 힘주고 "뭔 개소리여요?" 하고 간다

한 리얼리스트 교사

시골 작은 학교 교무실에 은행영업사원이 왔다
젊은 총각교사에게 이율과 세금과 혜택을 말하고
선배 여교사들은 옆에서 결혼을 이야기하며 거들었다

계절이 바뀔 즈음이면 꼭 이런 일들이 있었지
상품 설명하는 아저씨 아주머니가 이 좋은 계절에
먹고 살려고 애쓴다는 생각이 들었지
오죽하면 젊은 나한테 선생님 선생님 하며 사정을 할까 싶어
시골집 주소로 계약을 하고 나면
능글능글한 행정실 직원은
저런 장사꾼은 선생들이 먹여 살린다고 했지
나는 세상물정 모르는 순진한 선생이 되곤 했지

창밖엔 가을볕 막 쏟아지고
집도 있고 차도 있는 나는
관심 없음이 충분히 보이게 천천히 걸어 나와
아이들이 걸어간 길을 걷는다

한여름 푸른 열정 하얀 머리칼로 이고
한들한들 흔들리는 억새밭에 섞여
가실바람 허리에 휘감기는 저물녘까지
시골학교까지 온 내 또래 은행영업사원을 생각하다
되돌아오면 산 아래 밭에 콩잎이 누렇다
하늘엔 낮달이 하얗다

약속

술 먹고 잔 날은
새벽에 눈이 저절로 떠진다

새벽잠 털고
뒷산 길에 들어
이슬 묻은 안개 밟으며
뻐꾸기 소리 간간이
나는 반성 비슷한 것을 한다

학기 초에 악수하며
잘해 보자던 약속들은
무엇인지 확실하지도 않고
해도 그만 안 해도 그만인 약속임을
벌써 나는 알기에
어제도 교감과 술자리에서 한껏 떠들었다

술 먹고 잔 다음 날마다
나는 반성만 한다

바람 부는 날

우리 학교 아이들은
축구를 좋아한다

꽃샘바람 아무리 불어도
그 바람에 공이 아무리 추워도

공을 차고 달리며
바람을 가른다

제2부

살구나무

봄 오면 살구나무집
빈방에 들자고
누가 누구랑 숙덕였을까

그 무엇인들
이 봄에
가만히만 있겠는가

우리 동네 살구나무
방에 붙일 꽃무늬 벽지 한 장
활짝 펴들고 섰다

봄 우체부

저 산길 어린 바람
어딜 가길래
저리 종종거리나

담장 밑 냉이꽃 옆
잠깐 쉬는 바람은
봄 우체부구나

낼 모레쯤 우리 동네
봄 편지 쌓이겠다

산 꿩

온통 푸른 산
어디쯤 골에서
산 꿩이 운다.

어느 시인은 그랬던가
쩌렁쩌렁 저 소리
꽉 박힌 못 확 빼는 소리라고

아! 정말이야!
들어 봐
저 장끼의 결단

천렵川獵 한번 하자던

분명히 어성교 밑으로 오랄 것인디
천렵 한번 하자며

달도 크고 쑥꾹새 우는 밤이면 더 좋겄는디
천렵 한번 하자는 날은

내가 보기엔 쓰잘떼기 없는 짓거리
대학원 공부가 아직 끝나지 않았는 갑다

그날이 언젤랑가
천렵 한번 하자던

후배가 천렵 한번 하자던 그날부터 나는
맑은 햇살아래 나비 쫓는 똥강아지*가 되었다가
비 와도 더워도 옷 걱정 없는
원시인原始人이 되었다가

천렵 한번 하자며 연락 오기를 기다리다, 문득

가끔 나는 남의 일을
아무 쓰잘떼기 없는 짓거리로
가볍게 말해 버리는 때가 있다는 것을 알았다

* 국악그룹 '나비야' 연주곡 제목.

밤나무랑

목포서 광양 가는
보성휴게소 그늘에
냄새가 가득 쌓였다

밤나무는 누구랑
선채로 누웠을까

뻐꾸기 소리 적막한
저 신록에
밤나무랑 눕고 싶다

해창海倉*에 가면

해창에 가면
칠십 년 되었다는 정원에
평상이 펴지고
막걸리 단지가 나온다

묵직한 주인한테
몇 사발 받고 주고
나오다 돌아보면
만발한 백일홍 또 보잔다

* 해남군 화산면 해창주조장.

우산

날씨 좋아도
우산을 보면 나는 그 우산에 욕심이 생긴다
왜 그러는지 곰곰이 생각해 보면
어릴 적 마음이 되살아나서 그럴 것이라고 생각하곤 한다
비 오는 날이면 비료포대 접어 쓰고
학교에 가기란 정말 머리 무거웠다
크고 단단한 우산이 꼭 한 개 있으면 좋겠다는 마음이 열두 번도 더 생겼다

시원하게 봄비 내리는 오늘
막걸리 한잔 하자고 해
크고 단단한 우산을 쓰고
막걸릿집에 가 막걸리 마시며 놀다 나오니
내 우산이 없어졌다
누가 내 우산을 가져갔다고 외치려다
나 같은 사람이 욕심을 냈을 것이라고 생각하며
그냥 걸어가는데 봄비 멈추고

이팝나무 잎 봄바람에 살랑이고
4월 푸른 밤 내 마음이
큰 우산같이 활짝 펴져
집 주위를 몇 바퀴 더 돌다 들어왔다

구절초를 보네

저물녘 가을 따라
산 밑 밭어덕 걷다 서면
저만치 길 모퉁이 구절초 피었네
나는 구절초 앞에 섰네

어느새 산은 누워 길을 덮고
입동바람 일어
구절초 꽃잎 떨리네
가을이 가네

나는 구절초를 보고 섰네
음력 시월 솟는 달도
구절초를 보네

달밤

달이 밝아
하도 달이 밝아
하루내 바빴던 나는
무지뻔덕지로 나가
달빛에 안겼다가
촉촉이 젖다가
허리춤 풀고 오줌을 쌌다

가을 길

산그늘 누우면
나는 걷는다

머리칼 하얀 억새 옆에
쑥부쟁이 개미취 구절초
가실바람 서성이고

하늘에 열린
슬프디 슬픈
달 따라

외롭고 긴 가을 길
나는 걷는다

갈대들이

울까요?

달도 밝구요

가실바람 간간이

목덜미를 어루만지면 눈물이 나나요?

누구라도 오면 쓰것지요?

은적사

하얀 서리에
마당이 훤하다

옷소매 걷어붙인
젊은 스님이
목피木皮를 쌓고 있다

올 겨울
절간에 쌓이는 눈가루는
모두 시루떡으로 익겠다

정월 대보름

머얼고 머언데
별이 되어 가는구나

달집 뜨겁던 자리
감나무 가지 끝
달은 앉아
혼자 밝고

개 짖는 소리마저
고요하다

오뉴월

방죽둑
삐비꽃

시디신
무김치

점심밥
한 그릇

그립습니다

옛 노래

이렇게 불렀지

논둑 밭둑 지나서
옥수수 밭 지나서
오막살이 집 한 채*

또 불러본다

논둑 밭둑 지나서
옥수수 밭 지나서
오막살이 집 한 채

* 옛 동요에서 빌려 옴.

어깨동무 잡지

초등학교 다닐 때 '어깨동무' 라는 잡지가 있었지
보고 싶은 마음은 굴뚝같았지만 돈이 없었지
먼저 산 친구가 다 보기만을 기다렸지
가을 어느 날 할머니한테 떼를 쓰다
일찍 콩밭에 간 어머니 아버지께 떼를 쓰고 울어
돈을 받아 학교로 달렸지
친구보다 먼저 사려고 교실에서 선생님을 기다렸지
아! 보고 보고 또 보던 어깨동무 잡지
지금도 보고 싶은 어깨동무 잡지

산골내기*

학교 끝나면
깔망태 둘러메고
길앞잡이 따라
동무들 모이던
산골내기

문둥이 나온대도
어린 날 우리 놀던
산골내기

* 해남군 황산면 관춘리에 있는 산 고개.

남리장南里場*

무곡장사 등살에
어머니는 보자기를 풀고
흥정은 금방 끝났다

신발집 고무 냄새
색 바랜 박카스 쌓인 약방
옷가게 나프탈렌 냄새
순한 강아지
궁둥이 털 지저분한 오리
눈 뜨고 죽은 소 대그빡
젖가슴 출렁이며 칼질하는 식육점 아줌마
눈알 축 풀린 고등어
파리 떼
국화빵
어색하게 화장한 어머니 옆에
때꼽자국 택택 낀 아이
불끈불끈 불 솟는 성냥간

나는 볼 것을 다 보았다

* 해남군 황산면 남리 오일장.

장바구니

우리 엄마 장에 갔다 돌아올 때쯤
우리는 담 밑에 모여 앉았지
신작로 버스 먼지 가라앉으면
막둥이는 담박질로 내리 달리고
동생들은 한 개 나는 두 개
푸른 사과 열 개 담긴 장바구니
우리한테 두웅둥 떠 왔었지

제3부

봉학리 시인 집 마당에서

한 사람이 학교를 그만두고 집에 올 때
들에 일하는
동네 사람들 부끄러워
밤 되면 왔다던

달이 훤해도 부끄러워
한 시인이
뒤 대밭으로 들어왔다던
이 집

훤한 봄 대낮에
갈수록 쓸데가 없어지는
이 집 마당에 서서
나는 우쭐해 본다

한 채 장만해 이제 한시름 놓고
몇 년간 유용한 가치 빳빳할
내 집에 대해
봄 인디 시 한편 써 볼거나

바람 부는

날–
지붕 단속하는 아버지를 돕고
그 다음 날–
쓰러진 벼를 묶어 세웠지

길–
신작로 버스 꼬랑지에 흙먼지 자욱했고
방죽 둑 긴 겨울 길–
고개 처박고 달려도 귓볼은 얼얼했지

새벽–
읍으로 도시로 다 가고
남아서 웃통 벗어젖히고 달렸었지

시절–
따지고 덤비다 손해라는 걸 맛봤지

지금–

머리칼이 하얘지네

변하지 않는 것이 없네

워낭 타령

타령이나 할
—— 거나 혜 ——

무슨 일로 나주 곰탕 골목에 갔는지는
그렇게 중요하지 않다
그 많은 곰탕집 한 곳에 들어
그 많은 사람들 틈에 섞여 앉아
기다리고 기다려 나온 한 그릇
밥과 말아 깍두기랑 씹어 훌훌 삼키고
무슨 일을 마무리했는지 그것도 중요하지 않다
다음 날 우리 소한테
곰탕 안 먹겠다고 한 말이 중요하다
손을 내밀어도 껄끄런 혓바닥 날름거리지 않길래
멀뚱멀뚱 돌아서길래 한 그 말
얼마나 갈지 장담은 못 하겠고
돌아서 나오며 노래나 할 거나
병들었다고 산채로 파묻혀 간
소들한테 타령이나 할

—— 거나 헤 ——

워낭 흔들며 염불발원이나 할

—— 거나 헤 ——

추석 날

모기공화국이던
가난한 우리 동네
시궁창 터에
수세식 공동화장실을 지었다

아침 좌변기에 앉아
쪼그린 푸세식 옛 변소를 생각하는데
하얀 벽에 모기들이
짓이겨져 있다

덤비면 이렇다고
말 많았던 나에게
경고하는 포스터 같기도 해
볼일을 다 봐도 시원치 않다

우리 동네 누군가
풀리지 않는 일 있어 미치겠는데
화장실이 수세식으로 바뀌었어도

추석 뒷날 어울려 떠나고 싶은데
눈앞에 알짱거려 힘껏 쳐 죽였는갑다

가고 싶으면 같이
자기 일하는 공장으로 가자던

추석인데 집에 오지 않은
친구가 보고 싶다

배추를 묶으며

바람 푸욱한 11월 아침
흙과 몸이 하나 되어 밭두렁을 쭉 타고 가는
아버지와 어머니와 아내와 같이 가지 못하고
서투른 나는 귀퉁이에 작은 배추들을 묶는 척하였다

간간이 만나는 배추가 어찌나 큰지
밖에서 안으로 감싸 안으며 묶으면
큰 아낙네 엉덩이를 껴안는 것 같아
안에서 밖으로 밀며 묶어도
야릇하고 오진 맛이 들었다

간혹 배추 가득한 밭가를 지나며
바람막이 옷을 꼭꼭 감싸고 배추를 묶던
아낙들을 볼 때면 추운데 고생한다
고생한다는 생각만 잠깐 했는데 오늘 배추를 묶으며
배추들이 아낙들 엉덩짝만하게 크는 것은
나에게 야릇하고 오진 맛을 주는 것은
아무리 둥글고 둥글어도 곱디곱기만한

어머니 아내들 엉덩이를 닮기 때문이라는 것이요
흙과 몸이 하나 되는 아버지들 때문이라는 것이요
그래서 오뉴월 황톳빛 밭도
겨울이면 온통 파랗게 파랗게 물든다는 것이다

파리무늬를 생각해 낸 사람이 고맙네

한참을 보네
오줌을 다 누고도
한참을 보네
살아 버티고 있는 것이 아니네
채에 맞아 짓이겨져 붙은 것이 아니네, 그래서
내 오줌발이 약한 것도 아니네

진도 남도국악원 2층
소변기 가운데 붙은 것은
산 것도 아니고 죽은 것도 아닌
무늬일 뿐이네 파리무늬

웃었네 그 잠깐 내 집념을
내가 이기나
네가 이기나 보자는 듯
힘주어 갈기던 이를테면
누구를 떨어뜨려야 한다는 승부욕이었어

파리무늬를 생각해 낸 사람이 고맙네
갈긴 내 집념에 파리가 떨어진들
끝끝내 버틴들 무슨 소용이냐고
또 뿌리고 다닐 한 말씀 생각하게 해 준
파리무늬를 생각해 낸 사람이 고맙네

그 사람들

닷새 만에 읍장에 모여
한 번은 본 듯한 얼굴들에게 눈인사를 하고
버스정류장 옆 공터에 펼쳐진
약장수 말에 고개를 끄덕이며
어설픈 재주넘기에 박수를 치고
귀퉁이 닳은 천 원짜리 열 장으로
허리 아픈데
신경통에 좋은 약을 사

저물녘
땅끝 곳곳으로 들어가던
그 사람들

끌고 가는 긴 그림자
남쪽 갈두에서
북쪽 만주까지
쓸고 닦고 갈
빗자루 같던

걸레 같던

그 사람들

우슬재 진달래

어허! 저 꽃 핀 것 봐라 저 꽃!
꽃이 핀다. 꽃

남창에서
해창에서
북창에서

밀려오는 것 봐라! 저

울 할머니
울 할아버지
치떨던 말법 세상에
미륵이 하생 하듯

골골샅샅에
진달래 피는 것 봐라! 저

땅끝에서

좋은 말이든 나쁜 말이든 입에서 나오면 그 말은 벌써 우리랑 한참을 지내며 우리를 뭉치게 우리를 흩어지게 우리를 감싸 안은 정이 되기도 하는데 땅끝에는 사람들도 바다도 말이 없다

여기서 옷소매에 땟국물 흐르던 어린 날을 보내고 목포 광주 나가 공부한다던 열여덟 열아홉 머시마 가시나들이 왜 무슨 일로 성질을 내고 머저리 등신들만 사는 촌구석이라고 막 퍼부어도 곧 조용해진다

땅끝에는
뭔 참는 힘이 그리쎄간디
뭔 차원 높은 용서가 흐르간디
바다도 그렇고
사람들도 그 자식들도
말없이 무겁기만 하다

이제 5월에는

쟁기질을 하자
이제 5월에는

보리 베어 낸 논에
물꼬를 내고
넘실넘실 물을 담아
쟁기질을 하자

이제 무논에
써레질을 하자

치우고 묻을 것들
두엄자리 옆
거름이랑 비벼
써레질을 하자

송홧가루만 날려도
보릿고개 든든했던 들녘에

쑥꾹새 지치도록 울어도
새벽안개 포근했던 그 논에
물강생이 활개치게
겅중겅중 한생이 걷게

이제 모내기를 하자

허리띠에는 뼈가 없다

뼈를 빼내 뼈가 없는 것이 아니라
허리띠에는 원래 뼈가 없었지

변소에 들어가며 풀어 초가 변소지붕에 휘딱 던진 할아버지 헝겊 허리띠도 뼈가 없었고 절구질하러 질끈 동여매던 할머니 치마끈도 그랬고 달을 해 삼아 나락 묶던 울아버지 허리에 찬 매끼에도 없었고 지금 내 가죽 허리띠도 그렇다

읍내 장날 건어물 가게를 지나다 목덜미가 꿰뚫려 나란히 매달려 소리 지르는 황태들을 보며 식솔들 거느리고 먹고 자고 일하려고 허리띠 졸라맨 우리 또래들을 생각하고 이제는 졸라 맨 허리띠에 왜 날카로운 뼈까지 꽂혀 찌르는지를 생각했다

허리띠에 뼈!

황태들 목덜미에 싸릿대가 허리띠에 뼈이고 돈의 심장 월가가 허리띠에 뼈이고 희망버스에 뿌려지는 물대포가 허리띠에 뼈이고 80을 외면하는 20이 허리띠에

뼈이고 이제는 하늘밑 꼭대기까지 오른 돈이 꼭대기까지 오르게 한 99의 땀과 눈물과 희망을 정리하는 1이 허리띠에 뼈이다

허리띠에 뼈!
이제 가죽 허리띠 맨 우리들 목덜미도 뚫을 것이니
그때는 우리들 아우성도
소리 못 지르는 황태들 아우성일 것이니
어떻게 해야 하나? 뼈 없는 허리띠를 차려면
허리띠 졸라매고 1, 2년 서두르면
금방 신수 훤해지는 날 오게 하려면

또 5월에 아가씨아꽃 보며

아카시아 꽃– 하는 것 보다
아가씨아 꽃– 하면 더 낫다

아카시아꽃 아카시아꽃 하면
칼 꽂은 총 숨긴 꽃 같은 느낌인데
아가씨아꽃 아가씨아꽃 하면
꽃잎 뒤에 동그란 꽃씨 방이 있을 것 같다

서울 갔을 때
역 앞 노숙자들 노숙자들보다
자유인 자유인 하면
서울이 한결 부드러워 보이듯

이제부터 5월에는
서울 사는 아카시아 아카시아꽃들이
아가씨아꽃 아가씨아꽃이었으면

이제 5월 묘지에

미치고 환장하는 사람들 없게
꽃향기 만발한 5월 언덕이게
아가씨아꽃 아가씨아꽃이었으면

봉학리*에서

와야지요

돌돌돌 두메에 녹두꽃으로
첩첩첩 산골에 파랑새로
활활활 이 들에 들불로

와야지요, 와서

청송녹죽靑松綠竹이었다가
죽창竹槍이었다가

아직 싸워야 할 자유
아직 피 터져야 할 평등

봐야지요. 흐-윽한 이齒로 가만히 웃으며
꼭
한 번
더 와서

봐야지요

* 김남주 시인 생가 마을.

똥 누는데 연장은 왜 발기되는가

생각은
생각하면 생각할수록
생각나는 것이어서
생각하지 않는 것이
좋은 생각이라고 생각했는데

아무도 온 적 없는 갈대밭
내가 맨 처음으로와
갈대를 눕히고
갈대에 올라타
여전히 생각은 안 했는데

배설 끝나니 한 놈이 끼어드네
종족번식 욕구 비슷한 놈 끼어들어
분간 못하게 연장을 발기시키네

밤길

까닭 없이
걷는

걷다
서면

우는 것들
왜 우는지

궁금한
밤길

제4부

가을

산비탈 밭
콩잎 누렇다

어머니가 생각난다

하늘 아무리 파래도
밭에만 있던

어머니 생각 짠하다

후생後生

언제나 바쁘다던 핑계 제껴 두고 집에 들러
내 팔자가 왜 이러는지 모르겠다며
가끔씩 성질내던 어머니를 본다

작년에 피었다 마른
개망촛대 같은 할머니 옆에
말라가는 개망촛대 또 한 그루

퍽퍽하고 답답할 때
알게 모르게 눈물 콧물 훔쳤을
저 두 늙은이는 전생에 어떠했을까

전생과 후생은 반대라던데
이렇게 활짝 핀 나도 후생에는
저 깡마른 개망촛대일 수도

흔적

퇴근길에 잠깐 여유로
강둑 풀밭에 앉으면
옆 억새꽃대 위에
잠자리도 앉는다

머얼리 국사봉國師峯* 밑
배추밭에 스프링쿨러는
여전히 바쁘게 지랄이다

세상 모든 것이 다 바쁘다
그래야 비로소 한 줄기 흔적이라도 남고
그것이 세상에 온 까닭이란 듯
나도 몹시 바빴다

급히 일어나니
내 자리는 푹 꺼졌는데
잠자리 나는 공중에는
흔적이 없다

* 해남군 황산면 일신리에 있는 산.

미황사

미황사 오르면
꽃 지는 날
미황사 오르면
차마 자하루 문간 넘을 수 없어

동백 숲 오솔길로
큰 바위 너덜길 돌아
다 벗어 버렸다고
등 푸를 때 무거운 욕심
다 던져 버렸다고

큰 법당 마당에 들어
서쪽을 봐도 봐도
아직이라고
다 그것이 그것이라고

더 벗어 버리라고
더 던져 버리라고

먼 길

가을비 그치니
달마산은 날개를 턴다

계곡에 쪼그리고
볼일 보며 쳐다보니
바위들은 하늘에
끝이 닿았다

할머니가 보고 싶다
올봄 먼 길 떠났으니
거의 다 가셨겠지

올해도

생에 한 번씩은
꼭 해야만 하듯
짐 싸들고
휴양림 골짜기에 들어
헐떡이다
나오면

대흥사 산목련 지고 있다
길가 개망초꽃 지고 있다

무덤

세월 가면
꽃 지고
세월 가면
꽃 피고

진 꽃 나란히
둥글게 다시 피어
봄을 부른다

죽어
다시 피니
봄이
온다

| 발문 |

꽃 같은 시골 아이들, 천연스러운 시

이응인 시인

치마 입은 꽃 세 송이

전라남도 해남군 송지면 서정리에 작은 학교가 하나 있다. 해발 100미터가 겨우 될까 말까 한 동산에 편안히 등을 댄 초등학교. 동으로는 바다를 향해 힘차게 내달리는 달마산을 끼고, 앞으로는 자그마한 시골 마을과 고만고만한 논들을 마주한 송지초등학교 서정분교. 이곳에 아이들이 좋아 죽고 못 사는 한 시인이 있다.

우리 학교 목련꽃 봉오리는
다 한쪽을 보고 있다

학교 한 바퀴 빙 돌던
1학년들은 그쪽이
선생님 있는 쪽이라 하고

물어보던 선생님은
막 웃는다

－「우리 학교 목련꽃」 전문

'학교 한 바퀴 빙 돌던' 1학년 아이들이 '그쪽이/선생님 있는 쪽'이라고 말하는 순간, 아이들은 '목련꽃 봉오리'이다. '목련꽃 봉오리'야 두말 할 것도 없이 햇살 좋은 남쪽을 보고 있었겠지만, 목련꽃 봉오리마냥 한껏 부풀어 오른 1학년 아이들에겐 그쪽이 선생님이 있는 쪽일 뿐이다. 아이들은 자신도 모르게 자꾸만 선생님이 있는 쪽으로 고개를 돌린다. 선생님이 기다려진다. 선생님이 자꾸만 보고 싶어진다. 여기에 화답이라도 하듯, 선생님은 막 웃음이 터졌다. 선생님도 이제 막 터지는 목련꽃 봉오리이다. 그냥 아이들 마음이 되어

한없이 기쁜 선생님, 문재식 시인이다.

먼저 올라온 2학년 몇이
내 옆에 앉아 조잘대더니

– 선생님이 걱정돼
나현이가 뛰어간다
– 왜 다시 내려가아
예나가 묻는다

– 선생님이 걱정된다고오

그때 온산에 진달래 더 만발하고
꽃 속에 선 나현이가 예뻐 죽겠다

– 「산에서」 부분

나현이나 예나에게 선생님은 그냥 선생님이 아니다. 안 보이니 마음이 놓이질 않고 걱정되는, 가족 같은, 친구 같은, 아주 가깝고 소중한 사람이다. 아이들의 그 마음이야말로 활짝 핀 진달래꽃이다. 아니 꽃보다 백배 더 곱다. 그래서 시인에게는 '꽃 속에 선 나현이가' 꽃

보다 더 예쁜 것이다. 시인에게는 서정분교의 동백나무에 올라가 놀고 있는 '설우, 서진, 예나' 가 '치마 입은 꽃 세 송이' 로 피는 것도 우연이 아니다. 그의 눈에는 '미끄럼틀의/아이들도/꽃' 이다. 어느 날, 눈이 빨갛게 된 나현이가 '말 못할 일이 있어요' 한 마디 하자, '말 못할 일이/무엇일까' 싶어 '하루 종일' 궁금해 못 견디는 여리고 따뜻한 마음을 그는 지녔다.

꽃보다 더 예쁜 아이들을 알아보고, 따스한 눈길을 주고, 함께 웃는 그는 꼭 아이 같다. 그는 교사로서 내려다보지 않고, 아이들 곁에서 아이들처럼 천연스레 서 있다. '슬기로운 교사가 가르칠 때 학생들은 그가 있는 줄을 잘 모른다.' (파멜라 메츠, 『배움의 도』)고 했던가? 그의 시를 읽다 보면 시 속의 아이가 어른이고, 어른인 시인이 아이가 된 듯한 느낌을 준다. 시인이 그 만큼 키를 낮추고 눈을 맞추었기 때문일 것이다.

시골 초등학교에서 이렇게 해맑은 아이들과 함께 지낸다고 해서 고민이 없는 것은 아니다. 선생님의 인내와 너그러움의 한계를 넘어버린 요즘 아이들(「불편한 진실」, 「욕하는 교사」)과도 만나야 한다. 게다가 꽉 막힌 벽 앞에 혼자 선 느낌(「박살」)을 주는 갑갑한 현실, 꼭 할 말도 망설이는 자신에 대한 안쓰러움(「오늘 망설였다」)까지 안고 묵묵히 걸어가야 한다.

곁에 있어도 그리운 것들

아이들 곁에서 천연스러운 그도 혼자 묵묵히 걸을 때면 외롭다. 살구나무가 '꽃무늬 벽지 한 장/활짝 펴 들고' 반겨도, 밤꽃 향기 가득한 길에서도, '쑥부쟁이 개미취 구절초/가실바람 서성이'는 길에서도 외롭다. 이런 시인의 눈에는 그냥 보이는 게 하나도 없다.

저 산길 어린 바람
어딜 가길래
저리 종종거리나

담장 밑 냉이꽃 옆
잠깐 쉬는 바람은
봄 우체부구나

낼 모레쯤 우리 동네
봄 편지 쌓이겠다

–「봄 우체부」 전문

산길을 지나가는 '어린 바람' 도 그의 눈길을 벗어나지는 못한다. 그는 바람의 종종거리는 걸음까지 읽어낸다. '어린 바람' 한 자락에도 그의 기다림이 묻어 있다. 어린 '냉이꽃 옆/잠깐 쉬는 바람은/봄 우체부' 이다. 새 소식 가지고 올, 기다리고 기다리는 '봄 편지' 이다.

후배가 인사 삼아 던진 '천렵 한번 하자' 는 말을 잊지 못해 '분명히 어성교 밑으로 오랄 것인디', '달도 크고 쑥꾹새 우는 밤이면 더 좋겄는디' 하면서 그날을 기다린다. 해창주조장에서 '묵직한 주인' 과 막걸리 몇 사발 주고받은 것도 잊히질 않아 그 집 '만발한 백일홍 또 보' 자고 하는 것 같다. '논둑 밭둑 지나서/옥수수 밭 지나서/오막살이 집 한 채', 어릴 적 불렀던 노래를 또 불러 보기도 하고, '보고보고 또 보던 어깨동무 잡지' 가 떠오르기도 한다. 어머니 따라 나섰던 낙리 오일장에서 만난 '색 바랜 박카스 쌓인 약방/옷가게 나프탈렌 냄새/순한 강아지/궁둥이 털 지저분한 오리' 도 떠올려 본다. 외로우니 그런다.

머얼고 머언데
별이 되어 가는구나

달집 뜨겁던 자리
감나무 가지 끝
달은 앉아
혼자 밝고

개 짖는 소리마저
고요하다

–「정월 대보름」 전문

정월 대보름이면 어른 아이 할 것 없이 달집을 태우며 시끌벅적했었다. 아이들은 콩을 볶고 쥐불놀이를 하고 망아지처럼 깡충깡충 뛰었다. 그런 정월 대보름이 이제는 '멀고 머언데/별이 되어' 간다. '달집 뜨겁던 자리' 에 달은 '혼자 밝고', '개 짖는 소리마저/고요하다'. 그 고요는 외로움의 끝자리이다. '추석인데 집에 오지 않은/친구가 보고 싶다' (「추석 날」).

땅끝 사람들, 피고 지는 목소리

어쨌거나 땅끝 고을의 교실에서, 운동장에서, 학교 논에서 해맑은 아이들과 함께하는 문재식 시인을 만날 수 있다는 것은 독자의 한 사람인 나에게 큰 기쁨이다. 또한 시인은 그곳에서 땅끝의 사람과 자연이 주는 큰 선물을 나날이 누리며 살고 있다. 그가 비록 외롭다고 하나, 외롭지 않으면 어찌 바람과 꽃과 이웃의 소중함을 알겠는가?

닷새 만에 읍장에 모여
(…중략…)
허리 아픈데
신경통에 좋은 약을 사

저물녘
땅끝 곳곳으로 들어가던
그 사람들

–「그 사람들」 일부

'남쪽 갈두에서/북쪽 만주까지/쓸고 닦고 갈/빗자루

같던' 그들의 실루엣이 아니라시집 제목에만 나오는 '불온한 교사'가 아니라 생생한 모습을 보고 싶다. 버스 터미널에서, 장터에서, 마을 회관에서, 서성이고 귀를 열고 함지박처럼 입이 벌어진 시인을 만나고 싶다. '바다도 그렇고/사람들도 그 자식들도/말없이 무겁기만'(「땅끝에서」) 한 모습 너머, '물강생이 활개치게/정중정중 한생이 걷게'(「이제 5월에는」) 쟁기질을 하는 모습, 모내기를 하는 모습도 보고 싶다. 문재식 시인이 있어 해남의 골목과 오래된 느티나무와 남녘의 파도가 더욱 펄떡이게 될 것이리라. 거기 땅끝 사람들과 함께 꽃 피고 지는 문재식 시인의 아름다운 모습을 오래오래 보고 싶다.

문재식
1962년 해남군 황산면 관춘리에서 태어남. 2010년 11월 첫시집 『게으른 날』 출간.
2015년 2월 현재 해남에서 삶.

e-mail nonbak@hanmail.net

불온不穩한 교사

초판1쇄 찍은 날 | 2015년 2월 10일
초판1쇄 펴낸 날 | 2015년 2월 16일

지은이 | 문재식
펴낸이 | 송광룡
펴낸곳 | 문학들
등록 | 2005년 8월 24일 제2005 1-2호
주소 | 501-841 광주광역시 동구 천변우로 487(학동)2층
전화 | 062-651-6968
팩스 | 062-651-9690
전자우편 | munhakdle@hanmail.net

ISBN 978-89-92680-95-0 03810